LIBERDADE PARA SER LIVRE

Apenas aqueles que conhecem a liberdade em relação à necessidade podem apreciar por completo o significado da liberdade em relação ao medo, e só aqueles que estão livres de ambos – necessidade e medo – têm condições de conceber uma paixão pela liberdade pública.

HANNAH ARENDT
LIBERDADE PARA SER LIVRE

Tradução e apresentação Pedro Duarte

© The Literary Trust of Hannah Arendt and Jerome Kohn para
"The Freedom to Be Free": The Conditions and Meaning of Revolution, 2018
© The University of Notre Dame, publicado por Cambridge University
Press para *The Personality of Waldemar Gurian*, 1955
© The Literary Trust of Hannah Arendt para *Ansprache von Hannah Arendt anlässlich der öffentlichen Gedenkfeier der Universität Basel*, 1985
© Bazar do Tempo (edição brasileira), 2018

Todos os direitos reservados e protegidos pela
Lei n. 9610 de 12.2.1998. É proibida a reprodução total
ou parcial sem a expressa anuência da editora.

Este livro foi revisado segundo o Acordo Ortográfico da
Língua Portuguesa de 1990, em vigor no Brasil desde 2009.

EDITORA Ana Cecilia Impellizieri Martins
COORDENAÇÃO EDITORIAL Maria de Andrade
APRESENTAÇÃO E TRADUÇÃO "LIBERDADE PARA SER LIVRE" Pedro Duarte
TRADUÇÃO "A PERSONALIDADE DE WALDEMAR GURIAN" Beatriz Andreiuolo
TRADUÇÃO "HOMENAGEM A KARL JASPERS" Luciana Villas Bôas
PREPARAÇÃO DE ORIGINAIS Silvia Massimini Félix
REVISÃO Elisa Menezes
PROJETO GRÁFICO Thiago Lacaz
FOTO DA CAPA Circulação da primeira edição do informativo do Partido
Comunista após a Revolução Húngara, quando passou a se chamar
As pessoas livres. Budapeste, 1956. Erich Lessing/Magnum Photos
AGRADECIMENTOS Eduardo Jardim e Tassy Barham

BAZAR DO TEMPO
Produções e Empreendimentos Culturais Ltda.
rua José Roberto Macedo Soares, 12, sala 301
22470-100 Rio de Janeiro RJ
bazardotempo.com.br (21) 2146 4066
contato@bazardotempo.com.br

APRESENTAÇÃO
Liberdade na política 9
Pedro Duarte

"Liberdade para ser livre":
condições e significado de revolução 17

A personalidade de Waldemar Gurian 49

Homenagem a Karl Jaspers 67

SOBRE A AUTORA 71

APRESENTAÇÃO
LIBERDADE NA POLÍTICA

Pedro Duarte

É bem conhecida a sentença de Hannah Arendt segundo a qual a liberdade é a razão de ser da política. Raras vezes, contudo, ela falou de forma tão sintética e penetrante a esse respeito quanto na palestra "Liberdade para ser livre". Não se sabe com toda exatidão quando ou onde ela foi proferida, mas seu manuscrito é datado de 1966-7, época em que a autora trabalhou em Chicago e Nova York. O texto só foi publicado postumamente. Nele, o pensamento ensaístico de Hannah Arendt é exemplar. Rodeada por revoluções em vários cantos do mundo, ela as comenta e as entende na tradição política moderna, buscando definir, portanto, o que é liberdade.

O título da palestra é tão intrigante quanto emblemático. Intrigante pois se ampara em uma redundância: liberdade para ser livre. Emblemático pois aí está a chave para o sentido da política, de acordo com a própria autora. Em geral, o termo "para" indica funcionalidade: o martelo serve para pregar um quadro, por exemplo. Seguimos uma lógica semelhante ao concebermos que a liberdade serve para outras coisas distintas dela mesma. Nesse caso, parece que a liberdade não tem valor em si própria, é apenas a garantia para outros valores. Ela existiria "para" que pudéssemos fazer isso ou ter aquilo, produzir ou consumir.

Na expressão que Hannah Arendt colheu da tradição política dos Estados Unidos, porém, a redundância – "liberdade para ser livre" – quebra esse conceito instrumental. Liberdade é para ser livre. Pela repetição, a liberdade é remetida a ela mesma e, assim, há uma reversão súbita da expectativa instrumental contida no "para". Como razão de ser da política, e não como valor privado, a liberdade é (apenas) para ser livre. Ela não tem objetivo ulterior. Não carece de justificativa fora de si. Para que serve a liberdade? Para ser livre. Ela é um fim em si mesma.

Essa definição de liberdade política deve muito às análises conceituais de *A condição humana*, de 1958, e acompanha o exame histórico de *Sobre a revolução*, de 1963. No primeiro livro, aponta-se a distinção entre necessidade social e liberdade política. Para Hannah Arendt, satisfazer a fome, solucionar a pobreza e garantir a saúde são respostas a necessidades sociais. Dizem respeito ao labor e mantêm nossa sobrevivência biológica, o que é fundamental. Contudo, não garantem ação e discurso, condições da experiência propriamente política da liberdade. Um povo pode estar bem alimentado, mas apartado das decisões de sua *polis*. O autoritarismo pode resolver o problema da saúde sem dar o direito de agir às pessoas.

Em *Sobre a revolução*, obra em que figuram trechos completos retomados na palestra "Liberdade para ser livre", apresenta-se a distinção entre a Revolução Americana e a Francesa: se a primeira, ocorrida depois que a miséria estava mitigada, pôde apontar o problema da pluralidade da liberdade política, já a segunda precisou se dedicar a tirar o povo da pobreza. Deve-se observar porém que, na palestra sobre a liberdade, Hannah Arendt aponta criticamente que tal comparação só se sustenta porque nos Estados Unidos os escravos sequer eram reconhecidos como pessoas, portanto a "miséria negra" não contava.

No exame das revoluções, a palestra aproveita citações não apenas de teóricos, mas de homens de ação. Frases de Thomas Jefferson, John Adams e Robespierre esclarecem alguns dilemas da política: por exemplo, como manter a liberdade, passadas as revoluções? Ninguém soube dar uma resposta conclusiva a essa questão, mas alguns estavam cientes do problema, buscando instituições com mais participação popular ou algo parecido com uma "revolução permanente", sem o medo e a prática da violência.

Nesse ponto, o desafio político que Hannah Arendt apresentou ainda nos anos 1960 é de grande atualidade. Tratava-se de conferir às pessoas maior participação, pela ação e pelas palavras, na vida republicana, por meio da qual elas poderiam discutir sua existência pública e, quem sabe, experimentá-la como um prazer – e não um fardo. O sucesso da fundação política dos Estados Unidos, por exemplo, residiria no fato de que as pessoas já se organizavam, pela lei, em assembleias nos distritos. Estavam desde cedo na prática da vida pública comunitária.

Liberdade na política   11

Essa simpatia de Hannah Arendt pela história americana talvez tenha sido aguçada pelo acolhimento que recebeu nos Estados Unidos depois de seu exílio, infligido pela chegada de Hitler ao poder em 1933 e pela consequente perseguição antissemita. Judia alemã, Hannah Arendt fugiu de seu país, chegou a Nova York em 1941 e se naturalizou americana em 1951. Passou a escrever ensaios em inglês e às vezes adotava a primeira pessoa do plural, nós, ao falar dos norte-americanos – como na palestra "Liberdade para ser livre". Nem por isso, contudo, deixou de ver a situação do país com um olhar crítico.

Pode-se destacar, por exemplo, o caso da Revolução Cubana. Para Hannah Arendt, atribuir o incidente da Baía dos Porcos, em 1961, apenas às falhas nos serviços secretos dos Estados Unidos demonstrava a profunda incompreensão do que se passara em Cuba, ou seja, do que significa quando pessoas atingidas pela pobreza em um país corrompido escutam pela primeira vez sua condição sendo discutida abertamente e se veem convidadas a participar nessa discussão. Não é sua pobreza social que desaparece da noite para o dia; é sua liberdade política que aparece. Muitas vezes, na era moderna, a revolução significou essa possibilidade.

Entretanto, sentimos aqui a distância entre os dias atuais e os contextos analisados por Hannah Arendt. Não vivemos mais as revoluções como fatos cotidianos. No fim do século XX, assistimos ao declínio dessas rupturas radicais. Hannah Arendt era ambígua em sua relação com tais movimentos: reconhecia neles uma

12 *Liberdade para ser livre*

irrupção espontânea da política, mas lamentava a violência e o terror, bem como seu costumeiro destino autoritário. Logo, é impossível saber se consideraria o declínio das revoluções como algo positivo ou negativo.

Mesmo que as revoluções, em si, tenham deixado de ser frequentes entre nós, o pensamento de Hannah Arendt sobre elas é permeado de comentários que não envelheceram. Deve-se notar sua condenação das intervenções militares, que, até quando bem-sucedidas em casos isolados, teriam sido incapazes de preencher o vácuo de poder, uma vez que nem mesmo a vitória substituiria o caos pela estabilidade, a corrupção pela honestidade, a decadência pela autoridade ou a desintegração pela confiança no governo. Mais uma vez, nada legitima o poder, a não ser a política.

Entretanto, até na ausência da política, homens e mulheres podem, pelo simples fato de aparecerem no mundo, encarnar seu significado. Tempos sombrios contam com pequenas iluminações, como aquelas vindas dos pensadores Waldemar Gurian e Karl Jaspers no século XX. Os textos de Hannah Arendt sobre eles, incluídos neste volume, dão testemunho pessoal dessa visão, já que ambos eram seus amigos: o primeiro discurso é de 1955, um ano após a morte de Gurian (e, apesar de integrar a edição original do livro *Homens em tempos sombrios*, não consta da edição brasileira); o segundo foi lido logo após a morte de Jaspers, em 1969, em uma homenagem feita pela Universidade de Basel. Os dois textos são, portanto, inéditos no Brasil, assim como a palestra sobre a liberdade.

Liberdade na política   13

O perfil e a coragem de Gurian e Jaspers reforçam a tímida esperança com que termina "Liberdade para ser livre". Recuperam aquilo que a palestra sugere: que a política é a abertura do espaço da convivência dos homens e das mulheres entre si no qual se pode começar algo novo, imprevisível. Ser livre, para Hannah Arendt, é isto: iniciar algo novo, fazendo justiça ao fato de que cada um de nós veio ao mundo como um recém-chegado ao nascer. Em suas palavras, "podemos iniciar alguma coisa porque somos inícios e, portanto, iniciantes". Isso é precisamente a liberdade para ser livre.

PEDRO DUARTE é professor doutor de Filosofia da Pontifícia Universidade Católica do Rio de Janeiro (PUC-Rio) e autor dos livros *Estio do tempo: Romantismo e estética moderna* (2011); *A palavra modernista: Vanguarda e manifesto* (2014); e *Tropicália ou Panis et circencis* (2018). Tem diversos artigos sobre Hannah Arendt publicados em periódicos especializados e na grande mídia.

LIBERDADE PARA SER LIVRE

"LIBERDADE PARA SER LIVRE"
CONDIÇÕES E SIGNIFICADO
DA REVOLUÇÃO[1]

Receio que meu assunto hoje seja embaraçosamente atual. Revoluções se tornaram acontecimentos cotidianos desde que, com a falência do imperialismo, muitos povos se ergueram "para assumir, entre as potências da Terra, a posição separada e igual a que as leis da natureza e a natureza de Deus lhes dão direito". Assim como o resultado mais duradouro da expansão imperialista foi a exportação da ideia do Estado-nação para os quatro cantos da Terra, também o fim do imperialismo, sob a pressão do nacionalismo, levou à disseminação da ideia de revolução por todo o globo.

Todas essas revoluções, não importa quão violentamente antiocidentais sejam suas retóricas, permanecem sob o signo das tradicionais revoluções ocidentais.

---

1 N do T.: Palestra datada de 1966-7, publicada originalmente sob o título "'The Freedom to Be Free': The Conditions and Meaning of Revolution", em *Thinking Without a Banister*, org. de Jerome Kohn. Nova York: Schoken Books, 2018, p. 362-80.

O atual estado das coisas foi precedido pela série de revoluções que ocorreram após a Primeira Guerra Mundial na própria Europa. Desde então, e de forma mais acentuada depois da Segunda Grande Guerra Mundial, nada parece tão certo quanto uma mudança revolucionária da forma de governo – o que é distinto de uma alteração da administração – seguir-se à derrota em uma guerra entre as potências restantes, se não for o caso de um total aniquilamento. Mas é relevante notar que, mesmo antes de os desenvolvimentos tecnológicos fazerem das guerras entre as grandes potências literalmente uma luta de vida ou morte, portanto autodestrutivas, elas já tinham se tornado um assunto de vida ou morte, falando em termos políticos. Isso não era de modo algum uma coisa óbvia, mas significa que os protagonistas das guerras nacionais tinham começado a agir como se estivessem envolvidos em guerras civis. E as pequenas guerras dos últimos vinte anos – Coreia, Argélia, Vietnã – foram claramente guerras civis, nas quais grandes potências se envolveram: seja porque a revolução ameaçava seu domínio, seja porque criara um perigoso vácuo político. Nesses casos, não foi mais a guerra que provocou a revolução; a iniciativa mudou da guerra para a revolução, que em alguns casos, embora certamente não em todos, foi seguida de intervenção militar. Era como se, de repente, estivéssemos de volta ao século XVIII, quando a Revolução Americana foi seguida por uma guerra contra a Inglaterra, e a Revolução Francesa, por uma guerra contra as forças da realeza aliadas da Europa.

18   *Liberdade para ser livre*

E, mais uma vez, a despeito das circunstâncias extremamente diferentes – tecnológicas e outras –, as intervenções militares parecem relativamente impotentes diante do fenômeno. Um grande número de revoluções durante os últimos duzentos anos fracassou, mas relativamente poucas foram eliminadas pela superioridade na aplicação de meios violentos. De outra parte, as intervenções militares, mesmo quando foram bem-sucedidas, têm constantemente se mostrado ineficientes em restaurar a estabilidade e preencher o vácuo de poder. Mesmo a vitória parece incapaz de substituir o caos pela estabilidade, a corrupção pela honestidade, a decadência e a desintegração pela autoridade e confiança no governo. A restauração, consequência de uma revolução interrompida, em geral não fornece muito mais do que uma cobertura fina e obviamente provisória sob a qual os processos de desintegração continuam sem controle. Mas há, por outro lado, um grande potencial de estabilidade futura inerente aos novos corpos políticos conscientemente formados, dos quais a república americana é o melhor exemplo; o problema principal, claro, é a raridade de revoluções bem-sucedidas. Contudo, na atual configuração do mundo, em que, bem ou mal, as revoluções se tornaram os eventos mais significativos e frequentes – e talvez continue sendo assim por décadas ainda –, seria não apenas mais sábio, como também mais relevante se, em vez de nos vangloriarmos de sermos a maior potência da Terra, afirmássemos que desfrutamos de uma extraordinária estabilidade desde a fundação de

"Liberdade para ser livre" 19

nossa república, e que essa estabilidade foi o desdobramento direto da revolução. Pois, já que a disputa entre as grandes potências não pode mais ser decidida pela guerra, ela pode muito bem ser decidida, a longo prazo, por qual lado compreende melhor o que são as revoluções e o que está em jogo nelas.

Creio que não é segredo para ninguém, pelo menos desde o incidente da Baía dos Porcos,[2] que a política externa deste país se mostrou pouco experiente, até mesmo mal informada, no julgamento de situações revolucionárias e na compreensão do impulso dos movimentos revolucionários. Embora o incidente da Baía dos Porcos seja com frequência atribuído a informações imprecisas e a defeitos nos serviços secretos, na verdade a falha é muito mais profunda. Ela residia na incompreensão do que significa quando pessoas atingidas pela pobreza em um país atrasado, no qual a corrupção atingiu o nível da podridão, de repente são libertadas, não de sua pobreza, mas da obscuridade e, logo, da incompreensibilidade de sua miséria; do que significa quando escutam pela primeira vez sua condição sendo discutida abertamente e se veem convidadas a participar nessa discussão; e do que significa quando são levadas à sua capital, que elas nunca tinham visto antes, e lhes dizem: essas ruas, esses prédios e essas praças, tudo isso é seu, suas posses e portanto seu orgulho. Isso, ou algo da mesma natureza, aconteceu

---

2. N. do T.: Tentativa de invasão de Cuba, em abril de 1961, por um grupo de exilados cubanos, com o apoio da CIA.

pela primeira vez durante a Revolução Francesa. Curiosamente, foi um velho homem na Prússia Oriental – que jamais abandonou sua cidade natal em Königsberg, um filósofo e amante da liberdade pouco famoso por pensamentos rebeldes, Immanuel Kant – quem compreendeu isso de imediato. Ele afirmou que "tal fenômeno na história humana nunca será esquecido". E de fato não foi – ao contrário, desempenhou um papel majoritário na história do mundo desde que ocorreu. E, embora muitas revoluções tenham terminado em tirania, também tem sido sempre lembrado que, nos termos de Condorcet, "a palavra 'revolucionário' pode ser aplicada apenas a revoluções cujo objetivo é a liberdade".

A palavra "revolução", como qualquer outro termo de nosso vocabulário político, pode ser utilizada em um sentido genérico, sem levarmos em conta a sua origem e o momento temporal em que foi aplicada pela primeira vez a um fenômeno político específico. A suposição de tal utilização é que, não importa quando e por que o termo apareceu pela primeira vez, o fenômeno ao qual ele se refere é coetâneo da memória humana. A tentação de utilizar a palavra em termos genéricos é especialmente forte quando falamos de "guerras e revoluções" em conjunto, pois as guerras, de fato, são tão antigas quanto a história registrada da humanidade. Talvez seja difícil utilizar a palavra "guerra" sem ser em seu sentido genérico, mesmo porque sua primeira aparição não pode ser datada no tempo ou localizada no espaço, mas inexiste tal desculpa para a utilização indiscriminada do termo revolução.

"Liberdade para ser livre"   21

A palavra revolução era pouco proeminente no vocabulário da prática ou do pensamento políticos antes das duas grandes revoluções no fim do século XVIII e do sentido específico que ali adquiriu. Quando o termo aparece no século XVII, por exemplo, ele se atém estritamente a seu significado astronômico original, que significava o movimento eterno, irresistível e sempre recorrente dos corpos celestes; seu uso político era metafórico, descrevendo um movimento de regresso a algum ponto preestabelecido, e portanto um movimento, uma oscilação, de volta a uma ordem preordenada. A palavra não foi utilizada pela primeira vez quando o que estamos acostumados a chamar de revolução irrompeu na Inglaterra e Cromwell ascendeu como uma espécie de ditador, mas ao contrário, em 1660, por ocasião do restabelecimento da monarquia, depois da derrubada do Parlamento Coto.[3] Contudo, mesmo a Revolução Gloriosa – o evento por meio do qual, de forma um tanto paradoxal, o termo encontrou seu lugar na linguagem histórico-política – não foi concebida como uma revolução, e sim como a restauração do poder monárquico às suas antigas retidão e glória. O real significado da revolução anterior aos eventos do fim do século XVIII talvez esteja indicado com mais clareza na inscrição sobre o Grande Selo da Inglaterra, de 1651, segundo a qual a primeira transformação da monarquia em

---

3. N. do T.: Referência ao expurgo no Parlamento, em 1648, que marca o fim da fase radical da Revolução Inglesa. No original em inglês, "Rump Parliament".

uma república significava: "*liberdade* pela graça de Deus *restaurada*".

O fato de que a palavra revolução originalmente significava restauração é mais do que uma peculiaridade semântica. Mesmo as revoluções do século XVIII não podem ser compreendidas sem que se perceba que elas irromperam primeiramente quando a restauração era seu objetivo; e o conteúdo dessa restauração era a liberdade. Na América, segundo as palavras de John Adams, os homens da revolução tinham sido "chamados sem expectativa e compelidos sem inclinação prévia"; o mesmo é verdade para a França, onde, segundo as palavras de Tocqueville, "podia-se acreditar que o objetivo da revolução por vir era a restauração do *antigo regime*, ao invés de sua derrubada". E, no curso de ambas as revoluções, quando os atores se deram conta de que estavam embarcando em uma empreitada inteiramente nova, em vez de retornar para qualquer coisa que a precedera, quando a palavra "revolução" consequentemente foi adquirindo seu novo significado, foi Thomas Paine, entre todas as pessoas, quem, ainda fiel ao espírito da época passada, propôs com toda seriedade chamar as Revoluções Americana e Francesa de "contrarrevoluções". Ele queria salvar os eventos extraordinários da suspeita de que um início inteiramente novo havia sido feito e do ódio violento ao qual tais eventos estavam inevitavelmente ligados.

É provável que ignoremos o horror quase instintivo manifestado na mentalidade desses primeiros revolucionários diante do inteiramente novo. Em parte, isso

"Liberdade para ser livre"   23

se deve ao fato de estarmos muito familiarizados com a ansiedade dos cientistas e filósofos da era moderna por "coisas nunca antes vistas e pensamentos nunca antes pensados".[4]

E, em parte, porque nada no curso dessas revoluções é tão evidente e notável quanto o destaque enfático da novidade, repetido inúmeras vezes tanto por atores quanto espectadores em sua insistência de que nada comparável em relevância e grandeza jamais acontecera antes. O ponto crucial e difícil é que o enorme *pathos* da nova era, o *novus ordo seclorum*, que ainda está inscrito em nossas notas de dólar, veio à tona apenas depois que os atores, contra sua vontade, atingiram um ponto sem retorno.

Assim, o que de fato aconteceu no fim do século XVIII foi que uma tentativa de restauração e recuperação de antigos direitos e privilégios resultou exatamente em seu oposto: um progressivo desenvolvimento e a abertura de um futuro que desafiava todas as demais tentativas de agir ou pensar em termos de um movimento circular ou giratório. E, enquanto a palavra "revolução" foi radicalmente transformada no processo revolucionário, alguma coisa similar, porém infinitamente mais complexa, aconteceu com a palavra "liberdade". Na medida em que isso significava apenas liberdade "pela graça de Deus *restaurada*", estavam em questão aqueles direitos e liberdades que hoje associamos ao governo constitucional e que são

---

4. N. do E.: Cf. Hannah Arendt, *A condição humana*, Rio de Janeiro: Forense Universitária, 2007, p. 241.

devidamente chamados de direitos civis. O que não se incluiu neles foi o direito político de participar nos assuntos públicos. Nenhum desses outros direitos, mesmo o de ser representado para finalidades tributárias, era, nem na teoria nem na prática, o resultado da revolução. Não "vida, liberdade e propriedade", mas sim a reivindicação de que seriam direitos inalienáveis de todas as criaturas humanas – sem importar onde viviam ou que tipo de governo possuíam – é que era revolucionária. E mesmo nessa nova e revolucionária ampliação para toda a humanidade, a liberdade não significava mais do que a libertação de limitações injustificáveis, ou seja, alguma coisa essencialmente negativa. Liberdades no sentido dos direitos civis resultam da libertação, mas não são de modo algum o conteúdo real da liberdade, cuja essência é a admissão no âmbito público e a participação nos assuntos públicos. Se as revoluções aspirassem apenas a garantir os direitos civis, teria sido suficiente a libertação de regimes que tinham exacerbado seus poderes e infringido direitos bem estabelecidos. E é verdade que as revoluções do século XVIII começaram reivindicando esses antigos direitos. A complexidade aparece quando a revolução se refere tanto à libertação quanto à liberdade; e, na medida em que a libertação é realmente uma condição da liberdade – embora a liberdade não seja, de modo algum, um resultado necessário da libertação –, é difícil ver e dizer onde o desejo por libertação, de ser livre da opressão, termina e começa o desejo por liberdade, por viver uma vida política. O importante é que a libertação

"Liberdade para ser livre" 25

da opressão poderia muito bem ser realizada sob um governo monárquico, embora não tirânico, enquanto a liberdade do modo de vida político requeria uma forma de governo nova ou, antes, redescoberta. Exigia a constituição de uma república. Com efeito, nada é mais claramente corroborado pelos fatos do que a alegação retrospectiva de Thomas Jefferson "de que as disputas daquele dia foram disputas de princípio entre os defensores do governo republicano e aqueles do governo da realeza". A equação de um governo republicano com liberdade e a convicção de que a monarquia é um governo criminoso adequado para escravos – embora tenha se tornado lugar-comum tão logo as revoluções começaram – estiveram completamente afastadas das mentes dos próprios revolucionários. Ainda assim, embora estivessem almejando uma nova liberdade, seria difícil sustentar que não tivessem uma noção prévia dela. Pelo contrário, foi uma paixão por essa nova liberdade política, embora ainda não equiparada a uma forma republicana de governo, que os inspirou e preparou para concretizar uma revolução sem saber plenamente o que estavam fazendo.

Por mais que tenha aberto seus portões às massas e aos oprimidos – *les malheureux, les misérables, les damnés de la terre*, como os conhecemos a partir da grande retórica da Revolução Francesa –, nenhuma revolução foi alguma vez iniciada por eles. E nenhuma revolução jamais foi resultado de conspirações, sociedades secretas ou partidos abertamente revolucionários. Falando em termos genéricos, nenhuma revolução é sequer possível onde a autoridade do corpo político está intacta, o que, sob condições modernas, significa uma sociedade na qual se pode confiar que as Forças Armadas obedecem às autoridades civis. Revoluções não são respostas necessárias, mas possíveis, à desagregação de um regime; não a causa, mas a consequência da derrocada da autoridade política. Onde quer que se tenha permitido que esses processos de desintegração se desenvolvessem sem controle, em geral por um período prolongado, as revoluções *podem* acontecer, sob a condição de existir um número suficiente do populacho preparado para um colapso do regime e disposto a assumir o poder. Revoluções sempre parecem obter sucesso com surpreendente facilidade em suas fases iniciais, e a razão é que aqueles que supostamente "fazem" a revolução não "tomam o poder", mas antes o apanham onde foi deixado pelas ruas.

Se os homens das revoluções Americana e Francesa tinham alguma coisa em comum antes dos eventos que viriam a determinar suas vidas, moldar suas convicções e finalmente os distinguir, era um desejo ardente de participar nos assuntos públicos e um desgosto não menos ardente em relação à hipocrisia e à tolice da "boa sociedade" – aos quais se deve acrescentar um desprezo inquieto e mais ou menos franco pela mesquinharia dos assuntos meramente privados. No sentido da formação dessa mentalidade muito especial, John Adams estava inteiramente certo quando afirmou que "a revolução foi efetuada antes que a guerra começasse", não por causa de um espírito especificamente revolucionário ou rebelde,

"Liberdade para ser livre" 27

mas porque os habitantes das colônias estavam "dispostos pela lei em corporações ou corpos políticos" com o "direito de se reunir [...] nas sedes de seus próprios municípios, para lá deliberar sobre assuntos públicos", pois foi de fato "nessas assembleias municipais ou distritais que os sentimentos do povo foram formados em primeiro lugar". É claro que não existia na França nada comparável às instituições nas colônias, mas a mentalidade, ainda assim, era a mesma; o que Tocqueville chamou, na França, de "paixão" e "gosto" era, na América, a experiência patente desde os tempos mais antigos da colonização, na verdade desde que o Pacto do Mayflower[5] fora uma verdadeira escola de espírito público e liberdade pública. Antes das revoluções, esses homens nos dois lados do Atlântico eram chamados de *hommes de lettres* e é típico deles passarem seu tempo de lazer "vasculhando os arquivos da Antiguidade", ou seja, voltando-se para a história romana, não porque estivessem romanticamente enamorados pelo passado como tal, mas com o propósito de recuperar as lições políticas, tanto espirituais quanto institucionais, que tinham sido perdidas ou em parte esquecidas durante os séculos de uma tradição estritamente cristã. "O mundo tem estado vazio desde os romanos, e está cheio apenas com sua memória, que é agora nossa única profecia de liberdade", exclamou Saint-Just, assim

---

5. N. do T.: O Pacto do Mayflower, assinado em 11 de novembro de 1620, foi o primeiro documento governamental das colônias inglesas na América.

como, antes dele, Thomas Paine previra que "aquilo que Atenas foi em miniatura, a América será em magnitude".

Para compreender o papel da Antiguidade na história das revoluções, teríamos de recordar o entusiasmo pela "prudência antiga" com o qual Harrington e Milton saudaram a ditadura de Cromwell e como esse entusiasmo tinha sido revivido no século XVIII pelas *Considerações sobre as causas da grandeza dos romanos e da sua decadência*, de Montesquieu. Sem o exemplo clássico do que a política poderia ser e do que a participação nos assuntos públicos poderia significar para a felicidade humana, nenhum dos homens das revoluções possuiria a coragem para o que apareceria como uma ação sem precedentes. Falando em termos históricos, foi como se, de súbito, o ressurgimento renascentista da Antiguidade recebesse novo fôlego de vida, como se o fervor republicano das efêmeras cidades-Estado italianas, destinadas à ruína com o advento do Estado-nação, tivesse apenas permanecido adormecido, por assim dizer, para dar às nações da Europa o tempo de crescer sob a tutela de príncipes absolutos e déspotas esclarecidos. Os primeiros elementos de uma filosofia política que corresponde a essa noção de liberdade pública são enunciados pelos escritos de John Adams. Seu ponto de partida é a observação de que

> "onde quer que homens, mulheres ou crianças se encontrem, sejam velhos ou novos, ricos ou pobres, elevados ou baixos [...] ignorantes ou instruídos, repara-se que todo indivíduo é fortemente movido por um desejo de

"Liberdade para ser livre" 29

ser visto, ouvido, comentado, aprovado e respeitado
pelas pessoas ao seu redor e de seu conhecimento."

Adams viu sua virtude no "desejo de excelência em relação aos outros" e chamou seu vício de "ambição", que "procura o poder como um meio de distinção". E ambos estão, de fato, dentre as principais virtudes e vícios do homem político. Pois a vontade de poder enquanto tal, independente de qualquer paixão por distinção (em que o poder não é um meio, mas um fim), é característica do tirano e não é mais sequer um vício político. É, antes, a qualidade que tende a destruir toda a vida política, seu vício não menos do que suas virtudes. É precisamente porque o tirano não tem mais o desejo de excelência e carece de toda paixão pela distinção que ele considera tão agradável dominar, excluindo-se, desse modo, da companhia dos outros; ao contrário, é o desejo de excelência que faz com que os homens amem a companhia de seus pares e os incitem ao âmbito público. Essa liberdade pública é uma realidade mundana tangível, criada pelos homens para que a desfrutem juntos em público – para serem vistos, ouvidos, conhecidos e lembrados por outros. E esse tipo de liberdade exige igualdade, é possível apenas entre pares. Falando em termos institucionais, é possível apenas em uma república, que não conhece súditos e, rigorosamente falando, nem governantes. Essa é a razão pela qual discussões sobre as formas de governo desempenharam um papel tão central no pensamento e na escrita dos primeiros revolucionários, em contraste nítido com as ideologias posteriores.

Sem dúvida, é óbvio e de grande importância que essa paixão pela liberdade, por si mesma, tenha despertado em homens com tempo livre e tenha sido cultivada por eles, por *hommes de lettres* que não tinham mestres e não estavam sempre atarefados ganhando a vida. Em outras palavras, eles gozavam dos privilégios dos cidadãos atenienses e romanos sem participarem nesses assuntos de Estado que tanto ocuparam os homens livres da Antiguidade. Desnecessário acrescentar que, onde os homens vivem em condições verdadeiramente miseráveis, essa paixão pela liberdade é desconhecida. E, se precisamos de provas adicionais da ausência de tais condições nas colônias, da "adorável igualdade" na América, onde, como disse Jefferson, "o indivíduo mais ostensivamente miserável" estava melhor do que 19 dos 20 milhões de habitantes da França, precisamos apenas lembrar que John Adams atribuiu esse amor pela liberdade a "pobres e ricos, elevados e baixos, ignorantes e instruídos". Essa é a principal e talvez a única razão pela qual os princípios que inspiraram os homens das primeiras revoluções foram triunfalmente vitoriosos na América e fracassaram de maneira trágica na França. Visto com olhos americanos, um governo republicano na França era "tão antinatural, irracional e impraticável quanto seria governar com elefantes, leões, tigres, panteras, lobos e ursos no zoológico real de Versalhes" (John Adams). A razão pela qual, mesmo assim, a tentativa foi feita é que aqueles que a fizeram, *les hommes de lettres*, não eram tão diferentes de seus colegas americanos; foi apenas no curso da Revolução Francesa que eles aprenderam que estavam agindo sob circunstâncias radicalmente diferentes.

As circunstâncias diferiam em aspectos políticos e sociais. Mesmo o governo do rei e do Parlamento na Inglaterra era um "governo moderado" em comparação com o absolutismo francês. Sob seus auspícios, a Inglaterra desenvolveu um regime de autogoverno intrincado e funcional, que precisava apenas da fundação explícita de uma república para confirmar sua existência. Ainda assim, essas diferenças políticas, embora bastante importantes, eram desprezíveis quando comparadas ao formidável obstáculo à constituição da liberdade inerente às condições sociais da Europa. Os homens das primeiras revoluções, embora soubessem muito bem que a libertação tinha de preceder a liberdade, ainda ignoravam o fato de que tal libertação significava mais que libertação política do poder absoluto e despótico; que estar livre para a liberdade significava, antes de tudo, estar livre não apenas do medo, mas também da necessidade. E as condições da pobreza desesperada das massas do povo, aquelas que pela primeira vez irromperam abertamente quando tomaram as ruas de Paris, não podiam ser superadas pelos meios políticos; o forte poder coercitivo sob o qual trabalhavam não sucumbiu diante da investida da revolução, como aconteceu com o poder nobre do rei. A Revolução Americana teve a sorte de não ter que enfrentar esse obstáculo à liberdade e, de fato, deveu uma boa medida de seu sucesso à ausência da pobreza desesperada entre os homens livres e à invisibilidade dos escravos nas colônias do Novo Mundo. Mas é

32 *Liberdade para ser livre*

claro que havia pobreza e miséria na América, comparáveis às condições dos "trabalhadores pobres" europeus. Se, nas palavras de William Penn, "a América era o país do bom homem pobre" e permaneceu o sonho de uma terra prometida para a Europa empobrecida até o início do século XX, também é verdade que essa bondade dependia em grau considerável da miséria negra. Em meados do século XVIII, viviam mais ou menos 400 mil negros junto com aproximadamente 1,85 milhão de brancos na América, e, a despeito da ausência de informações estatísticas confiáveis, é possível duvidar que nessa época a porcentagem de completa indigência fosse mais alta nos países do Velho Mundo (embora ela fosse se tornar consideravelmente mais alta durante o século XIX). A diferença, então, era que a Revolução Americana – por causa da instituição da escravidão e da crença de que escravos pertenciam a uma "raça" diferente – desconsiderou a existência dos miseráveis e, com isso, a tarefa formidável de libertar aqueles que estavam constrangidos não tanto pela opressão política quanto pelas meras necessidades da vida. *Les malheureux*, os indigentes, que desempenharam um papel tão tremendo no curso da Revolução Francesa, que os identificou com *le peuple*, não existiam ou então permaneceram em completa obscuridade na América.

Uma das principais consequências da revolução na França foi, pela primeira vez na história, trazer *le peuple* para as ruas e torná-lo visível. Quando isso aconteceu, mostrou-se que não apenas a liberdade, mas a liberdade para ser livre, sempre tinha sido um privilégio de

"Liberdade para ser livre" 33

poucos.[6] Da mesma forma, porém, a Revolução Americana permaneceu sem muita consequência para a compreensão histórica das revoluções, enquanto a Revolução Francesa, que terminou em um fracasso retumbante, determinou e ainda determina o que agora chamamos de tradição revolucionária.

O que aconteceu em Paris em 1789? Primeiro, a liberdade em relação ao medo é um privilégio do qual poucas pessoas gozaram, apenas em períodos relativamente curtos da história, mas a liberdade em relação à necessidade foi o grande privilégio que distinguiu uma porcentagem muito pequena da humanidade através dos séculos. O que tendemos a chamar de história documentada da humanidade é, em sua maior parte, a história desses poucos privilegiados. Apenas aqueles que conhecem a liberdade em relação à necessidade podem apreciar por completo o significado da liberdade em relação ao medo, e só aqueles que estão livres de ambos – necessidade e medo – têm condições de conceber uma paixão pela liberdade pública, de desenvolver em si próprios aquele *goût* pela *liberté* e o gosto particular pela *égalité* que a *liberté* traz consigo.[7]

Em termos esquemáticos, pode-se dizer que cada revolução passa primeiro pela etapa da libertação antes de alcançar a liberdade, a segunda e decisiva etapa da

---

6. N. do E.: A escola de história francesa dos Anais e sua publicação *Anais de história econômica e social* tenta retificar isso.
7. N. do E.: Arendt brinca com a palavra francesa *liberté*, que significa tanto liberdade quanto libertação.

fundação de uma nova forma de governo e de um novo corpo político. No curso da Revolução Americana, a etapa da libertação significava libertação do limite político da tirania ou da monarquia, ou de qualquer palavra que se tenha usado. A primeira etapa foi marcada pela violência, mas a segunda foi questão de deliberação, discussão e persuasão, em suma, de aplicar a "ciência política", como os pais fundadores entendiam o termo. Mas, na França, alguma coisa completamente diversa aconteceu. A primeira etapa da revolução é muito mais marcada pela desintegração do que pela violência, e, quando a segunda etapa foi alcançada e a Convenção Nacional declarou que a França era uma república, o poder já se deslocara para as ruas. Os homens que haviam se reunido em Paris para representar *la nation*, em vez de *le peuple*, cuja preocupação principal – fosse seu nome Mirabeau ou Robespierre, Danton ou Saint-Just – era o governo, a reforma da monarquia e depois a fundação da república, viram-se de súbito confrontados com outra tarefa de libertação, a saber, a libertação das pessoas da indigência: libertá-las para serem livres. Isso não era ainda o que tanto Marx quanto Tocqueville considerariam como o aspecto inteiramente novo da revolução de 1848, a substituição da alteração de governo pela tentativa de mudar a ordem da sociedade por meio da luta de classes. Só depois de fevereiro de 1848, depois "da primeira grande batalha [...] entre as duas classes que dividem a sociedade", Marx percebeu que a revolução agora significava "a derrubada da sociedade burguesa, enquanto antes significava a derrubada

"Liberdade para ser livre" 35

da forma do Estado". A Revolução Francesa de 1789 foi o prelúdio disso, e embora tenha terminado em um lúgubre fracasso, permaneceu decisiva para todas as revoluções posteriores. Ela mostrou o que significava na prática a nova fórmula, a saber: todos os homens são criados iguais. E foi essa igualdade que Robespierre tinha em mente quando disse que a revolução afirma a grandeza do homem contra a mesquinhez dos grandes; assim como Hamilton, quando declarou que a revolução inocentava a honra da raça humana; e também Kant, ensinado por Rousseau e pela Revolução Francesa, quando concebeu uma nova dignidade do homem. O que quer que a Revolução Francesa tenha ou não alcançado – e ela não alcançou a igualdade humana –, ela libertou os pobres da obscuridade, da não visibilidade. O que parece irrevogável desde então é que aqueles que eram dedicados à liberdade jamais poderiam permanecer reconciliados com um estado de coisas no qual a liberdade em relação à necessidade – *liberdade para ser livre* – era um privilégio de poucos.

A propósito da constelação original dos revolucionários e das massas de pobres que eles acabaram por trazer à luz, deixem-me citar a descrição interpretativa feita por Lorde Acton da marcha das mulheres a Versalhes, um dos mais destacados pontos de inflexão da Revolução Francesa. As manifestantes, ele afirmou,

"desempenharam o papel genuíno de mães cujos filhos estavam passando fome em lares miseráveis e, sendo

assim, arcaram com motivações que não partilhavam nem entendiam (isto é, a preocupação com o governo) – o auxílio de uma ponta de diamante à qual nada podia resistir".

O que *le peuple*, como os franceses entendiam, trouxe à revolução e que estava totalmente ausente do curso dos eventos na América foi a irresistibilidade de um movimento que o poder humano não era mais capaz de controlar. Essa experiência elementar de irresistibilidade – tão irresistível quanto os movimentos das estrelas – produziu um imaginário inteiramente novo que ainda hoje, de modo quase automático, associamos a nossos pensamentos sobre eventos revolucionários: quando Saint-Just exclamou, sob o impacto do que viu diante dos olhos, *"Les malheurueux sont la puissance de la terre"*, ele queria designar a grande "torrente revolucionária" (Desmoulins), em cujas rápidas ondas os atores foram levados e arrebatados, até que sua ressaca os tragou da superfície e eles pereceram com seus inimigos, os agentes da contrarrevolução; ou a corrente tempestuosa e poderosa em Robespierre, que foi cultivada pelos crimes da tirania, de um lado, e pelo progresso da liberdade, de outro, constantemente aumentada em rapidez e violência; ou o que espectadores relataram – um "fluxo majestoso de lava que não poupa nada e que ninguém pode conter", um espetáculo que caíra sob o signo de Saturno, "a revolução devorando seus filhos" (Vergniaud). As palavras que estou citando aqui foram todas proferidas por homens

"Liberdade para ser livre" 37

profundamente envolvidos na Revolução Francesa e testemunham coisas presenciadas por eles, ou seja, não se tratava de algo que eles tinham feito ou propunham fazer de modo intencional. Isso foi o que aconteceu e ensinou aos homens uma lição que nem na esperança nem no medo jamais foi esquecida. A lição, que era tão simples quanto nova e inesperada, é que, como afirmou Saint--Just, "caso se deseje fundar uma república, primeiro se deve tirar o povo da condição de miséria que o corrompe. Não há virtudes políticas sem orgulho e ninguém pode se orgulhar quando está na indigência".

Essa nova noção de liberdade, baseada na libertação da pobreza, mudou tanto o curso quanto o objetivo da revolução. Liberdade, agora, passou a significar antes de tudo "roupas, alimentos e a reprodução da espécie", como os *sans-culottes* distinguiram conscientemente seus próprios direitos da linguagem esotérica e, para eles, sem sentido da proclamação dos Direitos do Homem e do Cidadão. Em comparação com a urgência de suas demandas, todas as deliberações sobre a melhor forma de governo de repente pareciam irrelevantes e fúteis. "*La République? La Monarchie? Je ne connais que la question sociale*", afirmou Robespierre. E Saint-Just, que no começo tinha o maior entusiasmo pelas "instituições republicanas", acrescentaria que "a liberdade das pessoas está na vida privada. Deixe-se o governo ser apenas a força a proteger este estado de simplicidade contra a força em si mesma". Ele não devia saber, mas esse era precisamente o credo de déspotas esclarecidos que sustentavam, como Charles I da Inglaterra em seu discurso no cadafalso, que "a libertação e a liberdade" das pessoas "consiste em ter um governo com leis pelas quais suas vidas e seus bens pudessem de fato ser seus; e isso não para ter participação no governo, o que não lhes pertenceria".[8] Se fosse verdade que o objetivo das revoluções era a felicidade das pessoas – *le but de la Révolution est le bonheur du people* –, como de súbito todos os participantes movidos pela miséria do povo concordavam, então de fato ele poderia ser proporcionado por um governo despótico suficientemente esclarecido, em vez de uma república.

A Revolução Francesa terminou em desastre e se tornou um ponto de inflexão na história mundial; a Revolução Americana foi um sucesso triunfante e permaneceu um assunto local: em parte, claro, porque as condições sociais no mundo em geral eram muito mais parecidas com as da França; e, em parte, porque a tão propalada tradição pragmática anglo-saxã impediu gerações subsequentes de americanos de *pensar* sobre sua revolução e conceituar sua experiência de modo adequado. Portanto, não é surpreendente que o despotismo – na verdade, o retorno à era do absolutismo esclarecido, que se anunciou claramente no curso da Revolução Francesa – tenha se tornado a regra para quase todas as revoluções subsequentes, ou ao menos para aquelas que não terminaram restaurando o *status quo ante*, e tenha até dominado a teoria revolucionária. Não preciso acompanhar esse desenvolvimento em detalhes; ele é bastante conhecido, sobretudo pela história

8. N. do T.: Discurso de Charles I antes de sua execução em 1625.

"Liberdade para ser livre" 39

do Partido Bolchevique e da Revolução Russa. Além disso, ele era previsível: no final do verão de 1918 – após a promulgação da constituição soviética, mas antes da primeira onda de terror provocada pela tentativa de assassinato de Lênin –, Rosa Luxemburgo, em uma carta privada, mais tarde publicada e hoje famosa, escreveu o seguinte:

> *"Abafando a vida política em todo o país [...], a vida se estiola em qualquer instituição pública, torna-se uma vida aparente na qual a burocracia subsiste como o único elemento ativo. A vida pública adormece progressivamente, algumas dúzias de chefes, partidários de uma inesgotável energia e de um idealismo sem limites, dirigem e governam; entre eles, a direção é assegurada, na realidade, por uma dúzia de espíritos superiores, e a elite do operariado é convocada de tempos em tempos para reuniões, com o fim de aplaudir os discursos dos chefes e de votar unanimemente as resoluções propostas. [...] Trata-se de uma ditadura, é verdade, não a ditadura do proletariado, mas a ditadura de um punhado de políticos."*[9]

Bem, ninguém pode negar que tenha acontecido dessa forma – exceto o regime totalitário de Stálin, pelo qual seria difícil responsabilizar seja Lênin, seja a tradição revolucionária. Mas o que talvez seja menos óbvio

9. N. do E.: Tradução brasileira por Isabel M. Loureiro, *A revolução russa*, Petrópolis: Vozes, 1991, p. 94.

é que seria preciso mudar apenas umas poucas palavras para obter uma descrição perfeita dos males do absolutismo antes das revoluções.

Penso que uma comparação entre as duas primeiras revoluções, cujos inícios foram tão semelhantes e os fins tão tremendamente diferentes, demonstra de maneira clara não apenas que a vitória sobre a pobreza é um pré-requisito para a fundação da liberdade, mas também que a libertação da pobreza não pode ser tratada da mesma maneira que a libertação da opressão política. Pois, se a violência contra a violência leva à guerra, externa ou civil, a violência contra as condições sociais tem sempre levado ao terror. O terror, e não a mera violência, o terror liberado após se dissolver o antigo regime e se instalar o novo regime, é o que condena as revoluções à ruína, ou as deforma tão decisivamente que elas descambam para a tirania ou o despotismo.

Afirmei antes que o objetivo original das revoluções era a liberdade no sentido da abolição do governo particular e da admissão de todos no âmbito público, da participação na administração dos assuntos comuns a todos. O próprio governo teve sua mais legítima fonte não em um impulso para o poder, mas no desejo humano de emancipar a humanidade das necessidades da vida, cuja realização exigia violência, os meios de forçar os muitos a suportar os fardos dos poucos para que ao menos alguns pudessem ser livres. Isso, e não a acumulação de riqueza, era o cerne da escravidão, ao menos na Antiguidade, e é apenas em virtude da ascensão da tecnologia

"Liberdade para ser livre" 41

moderna – mais do que da ascensão de quaisquer noções políticas modernas, incluindo as ideias revolucionárias – que essa condição humana se modificou, ao menos em algumas partes do mundo. O que a América alcançou com grande sorte, muitos outros estados nos dias atuais, embora provavelmente nem todos, podem adquirir em virtude de esforço calculado e desenvolvimento organizado. Esse fato é a medida de nossa esperança. Ele nos permite levar em conta as lições das revoluções deformadas e ainda nos atermos não apenas à sua inegável grandeza, mas também à sua promessa intrínseca.

Permitam-me, a título de conclusão, apenas indicar mais um aspecto da liberdade que veio à tona durante as revoluções e para o qual os próprios revolucionários estavam despreparados. É que essa ideia de liberdade e a experiência real de fazer um novo início na continuidade histórica deveriam coincidir. Deixem-me lembrar a vocês, mais uma vez, do *novus ordo seclorum*. A frase surpreendente é retirada de Virgílio, que, em sua quarta Écogla, fala do "grande ciclo de períodos (que) nasce novamente" no reino de Augusto: *Magnus ab integro sæclorum nascitur ordo*. Virgílio fala aqui de uma *grande* (*magnus*), mas não de uma *nova* (*novus*) ordem, e é essa mudança, numa sentença muito citada através dos séculos, que é típica das experiências da era moderna. Para Virgílio – agora na linguagem do século XVII –, era uma questão de fundar Roma de novo, mas não de fundar uma "nova Roma". Dessa forma, ele escapou, de um jeito tipicamente romano, dos riscos assustadores da violência inerentes à quebra da

42   *Liberdade para ser livre*

tradição de Roma, ou seja, da história legada (*traditio*) da fundação da eterna cidade pela sugestão de um novo início. Agora, é claro que poderíamos argumentar que o novo início, ao qual os espectadores das primeiras revoluções pensaram estar assistindo, era apenas a reaparição de alguma coisa bastante antiga: o renascimento de um âmbito político secular que enfim emerge do cristianismo, do feudalismo e do absolutismo. No entanto, não importa se é uma questão de nascimento ou renascimento, o decisivo na sentença de Virgílio é que ela é extraída de um hino de natalidade, não profetizando o nascimento de um filho divino, mas em louvor do *nascimento enquanto tal*, a chegada de uma nova geração, o grande evento de salvação ou "milagre" que irá redimir a humanidade sempre de novo. Em outras palavras, é a afirmação da divindade do nascimento e a crença de que a salvação potencial do mundo reside no próprio fato de que as espécies humanas se regeneram constantemente e sempre.

Penso que os homens da revolução voltaram a esse poema da Antiguidade em particular, independentemente de sua erudição, não apenas porque a *ideia* pré-revolucionária de liberdade, mas também a experiência de ser livre coincidia, ou antes estava intimamente entrelaçada, com o início de alguma coisa nova – falando em termos metafóricos, com o início de uma nova era. Ser livre e iniciar alguma coisa nova eram sentidos como iguais. E, obviamente, este misterioso dom humano, a capacidade de começar algo novo, tem a ver com o fato de que cada um de nós veio ao mundo como um recém-chegado ao

"Liberdade para ser livre" 43

nascer. Em outras palavras, podemos iniciar alguma coisa porque *somos* inícios e, portanto, iniciantes. Na medida em que a capacidade de agir e falar – e falar não é senão outro modo de agir – nos torna seres políticos, e uma vez que agir sempre teve o significado de pôr em movimento algo que não estava lá antes, o nascimento, a natalidade humana – que corresponde à mortalidade humana – é a condição ontológica *sine qua non* de toda política. Isso era conhecido tanto na Antiguidade grega quanto romana, embora de modo implícito. Veio à tona nas experiências da revolução e influenciou, embora mais uma vez de maneira um tanto implícita, o que se poderia chamar de espírito revolucionário. De todo modo, a cadeia de revoluções, que bem ou mal se tornou a marca registrada do mundo em que vivemos, sempre e de novo desvela para nós a erupção de novos inícios dentro da continuidade histórica e temporal. Para nós, que devemos isso a uma revolução e à fundação daí resultante de um corpo político inteiramente novo no qual podemos caminhar com dignidade e agir em liberdade, seria sábio relembrar o que uma revolução significa na vida das nações. Quer termine em sucesso, com a constituição de um espaço público para a liberdade, ou em desastre, o significado da revolução, para aqueles que se arriscaram por ela ou nela participaram contra sua inclinação e expectativa, é a atualização de uma das maiores e mais elementares potencialidades humanas, a inigualável experiência de *ser* livre para fazer um novo início, a partir do qual surge o orgulho de ter aberto o mundo a uma *novus ordo seclorum*.

44   *Liberdade para ser livre*

Para resumir: Nicolau Maquiavel, a quem se pode chamar de "pai das revoluções", desejava com fervor uma nova ordem de coisas para a Itália, mas dificilmente poderia falar com algum grau de experiência sobre esses assuntos. Assim, ele ainda acreditava que os "inovadores", ou seja, os revolucionários, encontrariam suas maiores dificuldades no início, quando tomassem o poder e considerassem fácil mantê-lo. Sabemos através de praticamente todas as revoluções que se trata do contrário – que é até fácil tomar o poder, porém infinitamente mais difícil conservá-lo –, como uma vez sublinhou Lênin, que não é má testemunha nesses assuntos. Ainda assim, Maquiavel sabia o suficiente para afirmar o seguinte: "Não há nada mais difícil de realizar, nem de sucesso mais duvidoso, nem mais perigoso de lidar, do que iniciar uma nova ordem de coisas". Suponho que ninguém que entenda o mínimo de história do século XX vá discordar dessa sentença. Além disso, os perigos que Maquiavel esperava que surgissem provaram ser bastante reais até os nossos dias, apesar do fato de que ele não estava ainda ciente do grande perigo das revoluções modernas – o perigo que emerge da pobreza. Ele menciona o que, desde a Revolução Francesa, tem sido chamado de forças contrarrevolucionárias, representadas por aqueles que se "beneficiam com a velha ordem", e o "desânimo" daqueles que poderiam se beneficiar com a nova ordem, por causa da "descrença da humanidade, daqueles que não acreditam verdadeiramente em nada de novo até que o tenham experimentado". Contudo, o cerne da questão é

"Liberdade para ser livre" 45

que Maquiavel percebeu o perigo apenas na derrota da tentativa de fundar uma nova ordem de coisas, ou seja, no mero enfraquecimento do país no qual a tentativa é feita. Isso também se mostrou pertinente, pois tal fraqueza, ou seja, o vácuo de poder do qual falei antes, pode muito bem atrair conquistadores. Não que esse vácuo de poder não existisse antes, mas ele pode permanecer oculto por anos até que um evento decisivo aconteça, quando o colapso da autoridade e a revolução o tornam manifesto por apelos dramáticos em público, onde pode ser visto e conhecido por todos. Soma-se a tudo isso que temos testemunhado o perigo supremo de que, da tentativa frustrada de fundar instituições de liberdade, pode crescer a mais completa abolição da liberdade e de todas as libertações.

Precisamente porque as revoluções colocam a questão da liberdade política em sua forma mais verdadeira e radical – liberdade para participar nos assuntos públicos, liberdade de ação –, todas as outras liberdades, tanto políticas quanto civis, estão em risco quando as revoluções fracassam. Como sabemos agora, revoluções deformadas, como a Revolução de Outubro na Rússia com Lênin, ou revoluções frustradas, como os vários levantes entre as potências europeias centrais após a Primeira Guerra Mundial, podem ter consequências que, no puro horror, são quase sem precedentes. O cerne da questão é que as revoluções raramente são reversíveis, que elas não podem ser esquecidas, uma vez que tenham acontecido – como Kant observou sobre a Revolução Francesa em uma época na qual o terror dominava a França. Isso não quer dizer que, por esse motivo, seja melhor evitar revoluções, pois, se as revoluções são consequências de regimes em plena desintegração e não o "produto" de revolucionários – estejam eles organizados em seitas conspiratórias ou em partidos –, então evitar uma revolução implica mudar a forma de governo, o que em si é efetuar uma revolução, com todos os perigos e riscos que isso acarreta. O colapso da autoridade e do poder – que via de regra surge com surpreendente rapidez não só para os leitores de jornais, mas também para todos o serviços secretos e seus especialistas que observam tais coisas – torna-se uma revolução no pleno sentido da palavra apenas quando há pessoas dispostas e capazes de apanhar o poder, de se movimentar e penetrar no vácuo de poder, por assim dizer. O que então acontece depende de muitas circunstâncias, e não é a menor delas o grau de perspicácia das potências estrangeiras sobre a irreversibilidade das práticas revolucionárias. Entretanto, depende, acima de tudo, das qualidades subjetivas e do êxito ou fracasso político-moral dos homens que estão dispostos a assumir responsabilidades. Nós temos pouca razão para esperar que, em algum momento do futuro não muito distante, tais homens se igualarão em sabedoria prática e teórica aos homens da Revolução Americana, que se tornaram os pais fundadores deste país. Receio, porém, que essa pequena esperança é a única que possuímos de que a liberdade em sentido político não será novamente varrida da face da Terra, sabe Deus por quantos séculos.

"Liberdade para ser livre" 47

A PERSONALIDADE
DE WALDEMAR GURIAN[1]

Ele era um homem de muitos amigos e um amigo para todos eles, homens e mulheres, religiosos e leigos, pessoas de muitos países e de praticamente todos os estilos de vida. Amizade era o que o fazia sentir-se em casa neste mundo e ele se sentia em casa onde quer que seus amigos estivessem, independente de país, língua ou origem social. Sabendo quão doente estava, fez sua última viagem à Europa porque, como disse, "quero dizer adeus aos meus amigos antes de morrer". Fez o mesmo quando voltou e permaneceu alguns dias em Nova York, e o fez de modo consciente e quase sistemático, sem qualquer traço de medo, autopiedade ou sentimentalismo. Ele que, ao longo da vida, nunca havia sido capaz de expressar seus sentimentos sem grande constrangimento, podia fazê-lo agora de maneira impessoal, sem sentir e, portanto,

1. N. do T.: Originalmente publicado com o título "The Personality of Waldemar Gurian", em *Review of Politics* 17 (1), The Gurian Memorial Issue of the Review of Politics, 1955, p. 33-42.

sem causar constrangimento. A morte para ele devia ser muito familiar.

Ele era um homem extraordinário e extraordinariamente estranho. É grande a tentação de ilustrar esse julgamento insistindo no alcance e na profundidade de suas capacidades intelectuais – e de explicar o estranho sentimento que tínhamos de que ele vinha de lugar nenhum – citando os poucos dados que temos de sua vida pregressa. No entanto, tais tentativas estariam muito aquém do homem. Não a mente, mas a pessoa era extraordinária, e sua história pregressa não soaria estranha se ele não a tivesse tratado com a mesma indiferença reticente que demonstrava em relação a todos os fatos e circunstâncias de sua vida pessoal e profissional, como se estes, assim como todos os meros fatos, não fossem mais do que enfadonhos.

Não que ele jamais tenha tentado esconder alguma coisa. Sempre respondia prontamente a todas as perguntas que lhe eram dirigidas. Veio de uma família judia de São Petersburgo e (o nome Gurian é a "russificação" do nome mais comum Lurie), uma vez que havia nascido no começo do século na Rússia czarista, o próprio lugar de seu nascimento indica que vinha de uma família assimilada e bem-sucedida, pois apenas a tais judeus – em geral comerciantes e médicos – era permitido que se estabelecessem fora das áreas limitadas em uma das grandes cidades. Devia ter por volta de nove anos quando, poucos anos antes da eclosão da Primeira Guerra Mundial, sua mãe o levou, junto com sua irmã, para a Alemanha e para

50   *Liberdade para ser livre*

a Igreja católica. Quando o encontrei pela primeira vez na Alemanha no início dos anos 1930, eu não tinha conhecimento de seus antecedentes russos ou de suas origens judaicas. Ele já era então conhecido como um escritor e editor alemão católico, aluno de Max Scheler, o filósofo, e de Carl Schmitt, o famoso professor de Direito Constitucional e Internacional que mais tarde se tornou nazista.

Não se pode dizer que os eventos de 1933 tenham provocado nele uma mudança no sentido de lançá-lo de volta às suas origens. O ponto não é que ele tenha se tornado consciente de sua origem judaica, mas que, agora, pensava ser necessário falar sobre isso em público porque não se tratava mais de um fato da vida pessoal, havia se tornado um assunto político e era – para ele, claro – uma questão de se solidarizar com os perseguidos. Gurian manteve essa solidariedade e um constante interesse pelo destino judaico até os primeiros anos do pós-guerra. Um relato extraordinário e breve da história do antissemitismo germânico publicado nos *Essays on anti-semitism* (Nova York, 1946) é testemunho dessa preocupação e, ao mesmo tempo, da rara facilidade com que podia se tornar um "especialista" em qualquer assunto que despertasse seu interesse. No entanto, quando os anos de perseguição haviam terminado e o antissemitismo deixara de ser uma questão política central, seu interesse desvaneceu.

O mesmo não pode ser dito de suas origens russas, que em geral desempenharam um papel diferente e predominante em toda a sua vida. Não apenas ele parecia

A personalidade de Waldemar Gurian 51

vagamente russo (seja lá o que isso queira dizer), como nunca perdeu a língua de sua primeira infância – embora a mudança completa e radical de seu entorno tenha feito com que passasse toda a vida adulta num ambiente em que se falava alemão. Sendo sua esposa uma alemã, a língua falada em sua casa em Notre Dame permaneceu sendo o alemão. Tão forte era o apego a tudo o que fosse russo em seu gosto, imaginação e mentalidade que ele falava inglês e francês com um forte sotaque russo, e não alemão; embora tenham me dito que falava russo fluentemente, mas não como alguém cuja língua materna fosse esta. Nenhuma poesia e literatura – com exceção, talvez, de Rilke em seus últimos anos – podia igualar-se a seu amor pelos escritores russos e sua familiaridade com eles. (Na pequena mas significativa seção russa de sua biblioteca havia ainda uma cópia surrada de *Guerra e paz* em edição infantil, ilustrada à maneira do começo do século, com páginas soltas, à qual ele retornou ao longo da vida e que na noite de sua morte foi encontrada em sua mesa de cabeceira). E na companhia de russos, mesmo que fossem desconhecidos, ficava mais à vontade do que em outros meios, como se pertencesse a eles e se sentisse em casa. Seus vastos interesses políticos e intelectuais aparentemente o levavam a todas as direções, mas na verdade se centravam em torno da Rússia: sua história intelectual e política; seu impacto no mundo ocidental; sua herança espiritual incomum; suas paixões religiosas como são expressas de início no estranho sectarismo de seu povo e mais tarde em sua grande literatura.

52 *Liberdade para ser livre*

Tornou-se um eminente especialista em bolchevismo, porque nada o atraía e preocupava mais profundamente do que o espírito russo em todas as suas ramificações.

Não sei se o triplo rompimento ocorrido no início de sua vida – o rompimento da família; o rompimento com sua terra natal e língua materna; e a completa mudança de ambiente social que a conversão à fé católica implicou (para conflitos religiosos ele não apenas era muito novo, como é pouco provável que tivesse tido qualquer educação religiosa antes de sua conversão) – causou alguma ferida profunda em sua personalidade, e estou certa de que tais rompimentos são extremamente inadequados para explicar sua estranheza. Mas, das poucas coisas que mencionei, deve ficar claro que, se tais feridas existiram, ele as curou através da fidelidade, apenas sendo leal ao essencial de suas primeiras memórias. De qualquer modo, fidelidade a seus amigos, a todos aqueles que conhecera, a tudo de que sempre gostara, tornou-se de tal maneira a nota dominante que dava o tom de sua vida, que ficamos tentados a dizer que o crime que lhe era mais alheio era o crime do esquecimento, talvez um dos crimes capitais nos relacionamentos humanos. Sua memória tinha uma qualidade assombrosa e assombrada, como se nunca permitisse que nada nem ninguém lhe escapasse. Era muito mais do que a capacidade necessária para a pesquisa e a erudição, que se tornava um de seus principais instrumentos para conquistas objetivas. Sua erudição, pelo contrário, era apenas mais uma das formas de sua enorme capacidade para a lealdade. Essa lealdade fez com que seguisse os escritos de todo autor que houvesse alguma vez despertado seu interesse e lhe dado algum deleite, mesmo que nunca o tivesse encontrado, assim como o compeliu a prestar ajuda de maneira incondicional não apenas a seus amigos quando precisavam, mas aos filhos deles depois que morriam, mesmo que nunca os houvesse visto ou jamais desejasse vê-los. Ao envelhecer, era natural que o número de amigos mortos aumentasse, e embora eu nunca o tenha visto violentamente abatido pelo luto, dava-me conta do cuidado quase calculado com que continuava mencionando seus nomes como se temesse que, por alguma falha sua, eles desaparecessem por completo da companhia dos vivos.

Tudo isso se tornava real e notório o bastante quando alguém vinha a conhecê-lo, mas não dá a noção da estranha esquisitice daquele homem enorme, com uma cabeça ainda maior, das vastas bochechas divididas por um nariz surpreendentemente pequeno e um pouco arrebitado, o único traço de humor em seu rosto, pois seus olhos eram bastante sombrios, apesar de sua limpidez e do sorriso que, de repente, fazia desaparecer a carne das bochechas e do queixo – era mesmo o sorriso de um menino cujo deleite inesperadamente contém humor, talvez uma de suas características mais adultas. Que ele era um homem estranho todo mundo devia notar de imediato, mesmo aqueles que o conheceram apenas nos últimos anos, quando a estranheza e o embaraço – não a timidez e nunca, com certeza, qualquer senso de inferioridade, mas um movimento instintivo, tanto da alma quanto do corpo, de recolhimento do mundo – haviam então dado lugar, por assim dizer, ao ônus de uma posição oficial e do reconhecimento público. Aquilo que surpreendia como estranho à primeira vista era, penso, o fato de ser ele um completo estranho no mundo das coisas que usamos e manuseamos com frequência, entre as quais nos movemos sem notá-las, de maneira que dificilmente nos damos conta de que toda vida, em cada um de seus movimentos, está implantada nas coisas sem movimento e sem vida e por elas rodeada, guiada e condicionada. Se pararmos para pensar nisso, talvez percebamos uma discrepância entre os corpos vivos e animados e os objetos imóveis, uma discrepância que é constantemente ultrapassada pelo uso, manuseio e domínio do mundo da matéria inanimada. Mas aqui essa discrepância se ampliara em algo como um conflito aberto entre a humanidade do homem e a coisalidade das coisas, e a esquisitice de Gurian tinha uma qualidade humana muito tocante e convincente porque mostrava todas as coisas como mera matéria, como objetos no sentido mais literal do mundo, a saber, *ob-jecta*, lançados contra o homem e por isso objetáveis, confrontando sua humanidade. Era como se uma batalha estivesse sempre acontecendo entre esse homem cuja própria humanidade não daria permissão à existência das coisas, que recusava reconhecer a si mesmo como seu potencial fabricador e comandante habitual, e os próprios objetos, uma batalha em que – de forma curiosa e, na realidade, inexplicável – ele nunca obteve vitória ou foi esmagado pela derrota. As coisas sobreviviam bem

A personalidade de Waldemar Gurian 55

melhor do que se ousaria esperar; e ele jamais chegou ao ponto de uma simples catástrofe. E esse conflito, estranho e comovente por si só, tornou-se ainda mais típico uma vez que seu enorme corpo era como a "coisa" primeira, quase-primordial, em que a objetável qualidade-*res* do mundo havia pela primeira vez encarnado.

Nós, modernos, para quem a habilidade de manipular coisas e de nos movermos em um mundo guiado pelos objetos se tornou uma parte tão importante de nosso modo de vida, ficamos logo tentados a compreender de maneira errônea a falta de jeito e a timidez como fenômenos semipsicopatológicos – especialmente se eles não puderem ser relacionados a sentimentos de inferioridade, que supomos serem "normais". No entanto, tempos pré-modernos devem ter conhecido certas combinações de traços humanos que nos chocam por sua estranheza, por pertencerem a um tipo talvez não comum, mas ainda assim familiar. Os vários contos medievais, sérios e humorísticos, sobre homens muito gordos e o fato de que a glutonaria era incluída entre um dos pecados capitais (o que, para nós, é um pouco difícil de entender) é um testemunho disso. Pois a alternativa óbvia a fazer, usar, manipular e dominar as coisas é a tentativa de se livrar dos obstáculos devorando-os – e ele era um perfeito exemplo dessa solução quase medieval em pleno mundo moderno. (Chesterton, ao que parece, também o era. Suspeito que muito de sua ótima compreensão, não tanto em relação à filosofia, mas à pessoa de São Tomás provinha da completa solidariedade entre um homem muito desajeitado e muito gordo e outro.). Nesse caso também, por ser genuína, tal tentativa começou com comer e beber, atividades para as quais, contanto que estivesse com a saúde boa, tinha uma capacidade gargantuélica e das quais extraía um tipo de deleite triunfante. No entanto, sua capacidade para o alimento da mente era ainda maior, e sua curiosidade incitada por uma memória de dimensões também gargantuélicas tinha a mesma qualidade insaciável, devoradora. Ele era como uma biblioteca ambulante, o que mantinha uma íntima conexão com o volume de seu corpo. A vagarosidade e a falta de jeito de seus movimentos corporais correspondiam à rapidez em absorver, digerir, comunicar e reter informação – como nunca vi em nenhuma outra pessoa. Sua curiosidade era como seu apetite, nem um pouco parecida com a em geral inanimada curiosidade do erudito e especialista, mas despertada por quase tudo o que importava no mundo estritamente humano, na política e na literatura, na filosofia e na teologia, assim também como pela mera fofoca, pela trivialidade da anedota e pelos inúmeros jornais que se sentia compelido a ler todos os dias. Devorar e assimilar na mente tudo que esteja relacionado aos assuntos humanos e, ao mesmo tempo, deixar de fora, com uma indiferença sublime, tudo o que esteja no reino do físico – sejam os temas das ciências naturais ou o "conhecimento" de como fincar um prego em um muro –, esse parecia ser seu tipo de vingança contra o fato humano comum que demanda que uma alma viva em um corpo, e que um corpo vivo se mova em um ambiente de coisas "mortas".

A personalidade de Waldemar Gurian 57

É essa atitude em relação ao mundo que o tornava tão humano e, às vezes, tão vulnerável. Se dizemos que alguém é humano, em geral pensamos em uma bondade ou gentileza especiais, em fácil acessibilidade ou algo assim. Pela mesma razão que já mencionei, porque estamos tão acostumados com um mundo de coisas feitas pelos homens e nele nos movemos tão à vontade, ficamos inclinados a nos identificar com aquilo que fabricamos e fazemos, e muitas vezes esquecemos que a maior prerrogativa de cada homem é ser ele essencialmente e, para sempre, mais do que qualquer coisa que possa produzir ou alcançar, não apenas para continuar sendo, depois de cada trabalho e conquista, a fonte ainda não exaurida, completamente inexaurível de futuras conquistas, mas também para estar em sua própria essência além de todas elas, intocado e não limitado por elas. Sabemos como as pessoas, todos os dias e de bom grado, abandonam essa prerrogativa e se identificam completamente com aquilo que fazem, orgulhosas de sua inteligência ou trabalho genial; e é verdade que resultados memoráveis podem provir de tal identificação. Ainda assim, por mais impressionantes que possam ser tais resultados, essa atitude sempre põe a perder a qualidade especificamente humana da grandeza, de ser maior do que qualquer coisa fabricada. A verdadeira grandeza, mesmo em obras de arte, onde a luta entre a grandeza do gênio e a ainda maior grandeza do homem é mais aguda, aparece apenas onde pressentimos por trás do produto tangível e compreensível o ser que permanece maior e mais misterioso, porque

58   *Liberdade para ser livre*

a própria obra aponta para uma pessoa por trás dela, cuja essência não pode ser exaurida ou completamente revelada por qualquer coisa que ela tenha o poder de fabricar.

Essa qualidade especificamente humana da grandeza – o próprio nível, intensidade, profundidade, a paixão pela existência mesma – era conhecida dele em um grau extraordinário. Uma vez que ele mesmo possuía essa grandeza como a coisa mais natural do mundo, era um especialista em detectá-la nos outros, independente de qualquer posição ou conquista. Nunca falhou nisso, e esse permaneceu sendo seu critério elementar de julgamento a favor do qual descartava não apenas os parâmetros mais superficiais para o sucesso mundano, como também os legítimos padrões objetivos, que, por outro lado, conhecia com perfeição. Dizer de um homem que ele tinha uma sensibilidade inequívoca para a qualidade e para a relevância soa como nada, como uma frase elogiosa convencional. E, ainda assim, em casos não tão frequentes em que homens tiveram tal sensibilidade e escolheram não trocá-la por valores de mais fácil reconhecimento e aceitação, isso infalivelmente os levou além – muito além das convenções e dos padrões estabelecidos pela sociedade – e os conduziu diretamente para os perigos de uma vida não mais protegida pelos muros de objetos e pelos suportes de avaliações objetivas. Significa ser amigo de pessoas que à primeira, e mesmo a segunda vista, não têm nada em comum, constantemente descobrir pessoas que apenas a má sorte ou algum estranho truque do talento tenha impedido que desabrochassem por completo,

A personalidade de Waldemar Gurian   59

significa descartar de modo sistemático, embora não necessariamente consciente, todos os padrões de respeitabilidade, mesmo os mais respeitáveis. Isso leva a um estilo de vida que irá ofender a muitos, que estará vulnerável a muitas objeções, exposto a frequentes mal-entendidos; sempre haverá conflitos com quem estiver no poder, e isso sem proposital intenção do ofensor e sem qualquer má intenção do ofendido, mas apenas porque o poder deve ser exercido de acordo com padrões objetivos.

O que salvava Gurian de se envolver em problemas não era apenas, e talvez nem mesmo principalmente, sua enorme capacidade intelectual e a importância de suas conquistas. Era mais aquela inocência curiosamente pueril, às vezes um pouco maliciosa, que era tão inesperada nessa pessoa complicada e difícil, e que brilhava com uma pureza convincente toda vez que seu sorriso, de forma paradoxal, iluminava uma melancólica paisagem facial. O que finalmente convencia mesmo aqueles com quem, por uma explosão de temperamento, ele havia antagonizado era o fato de nunca haver realmente pretendido fazer mal algum. Para Gurian a provocação – ser provocado não menos do que provocar – era essencialmente um meio de expor os conflitos reais e relevantes que sufocamos na sociedade polida com tanto cuidado, e encobrimos em civilidades sem sentido com a falsa intenção de "não ferir os sentimentos de ninguém". Ele se deliciava quando podia fazer ruírem as barreiras da suposta sociedade civilizada, pois via nelas barreiras entre as almas humanas. Na fonte de seu deleite estavam a inocência e a coragem – inocência ainda mais cativante uma vez que ocorria em um homem tão bem versado nos modos do mundo e que, portanto, precisava de toda a coragem que pudesse reunir para manter viva e intacta sua inocência original. Gurian era um homem muito corajoso.

A coragem era vista pelos antigos como a virtude política *par excellence*. A coragem, entendida no sentido completo de seus muitos significados, provavelmente o levou para a política, o que poderia parecer desconcertante em um homem cuja paixão original era, sem dúvida, por ideias, e cuja mais profunda preocupação estava relacionada, claramente, aos conflitos do coração humano. Para ele, a política era um campo de batalha não de corpos, mas de almas e ideias, o único lugar em que as ideias podiam ganhar forma e contorno, até que lutassem umas com as outras, e nessa luta emergissem como a verdadeira realidade da condição humana e como as mais íntimas governantes do coração humano. Nesse sentido, política, para ele, era um tipo de realização da filosofia, ou, para expressar de maneira mais correta, era o reino em que a mera carne da condição material para o convívio dos homens é consumida pela paixão das ideias. Seu senso político, portanto, tornou-se essencialmente um senso para o dramático na história, na política, em todos os contatos entre homem e homem, alma e alma, ideia e ideia. E assim como em seu trabalho acadêmico Gurian buscava os pontos altos do drama, em que todas as proteções são dissipadas e as ideias e os homens se chocam em uma espécie de nudez imaterial (ou seja, sob condições de ausência das circunstâncias materiais sem as quais, em geral, não conseguimos suportar a luz do espírito mais do que suportamos a luz do sol em um céu sem nuvens), também, às vezes, parecia na relação com seus amigos ser quase possuído por uma urgência em encontrar as potencialidades para o drama, as oportunidades para uma grande e flamejante batalha de ideias, para uma gigantesca luta de almas em que tudo viesse à luz.

Ele não fazia isso com frequência. O que o impedia de fazê-lo nunca foi a falta de coragem, coragem que tinha demais e não de menos, mas um senso de consideração altamente desenvolvido que era muito mais do que boa educação e que se combinava com a antiga timidez que ele nunca perdeu por completo. Aquilo que Gurian mais temia era o constrangimento, uma situação em que constrangesse alguém ou fosse constrangido pelos outros. A situação constrangedora cuja total profundidade talvez só tenha sido explorada por Dostoiévski é, em certo sentido, o lado reverso daquela triunfante batalha flamejante de almas e ideias em que o espírito humano pode, algumas vezes, libertar a si mesmo de todas as condições e de todos os condicionantes. Enquanto na batalha de ideias, na nudez do confronto, os homens pairam livremente sobre o que os condiciona e protege em um êxtase de soberania, não defendendo mas confirmando absolutamente sem defesas quem são, a situação constrangedora os expõe e aponta para eles no momento em que estão menos prontos para mostrar a si mesmos, em que as coisas e as circunstâncias inesperadamente conspiram para privar a

62 *Liberdade para ser livre*

alma de suas defesas naturais. O problema é que a situação constrangedora arrasta para os holofotes o mesmo *self* indefeso que os homens só suportam mostrar livremente no supremo esforço da coragem. O constrangimento desempenhou um importante papel em sua vida (ele não apenas o temia, como também se sentia atraído por ele), por repetir, no nível das relações humanas – aquele nível que ele sempre e em todos os sentidos estava pronto a reconhecer – a alienação do homem do mundo das coisas. Assim como as coisas eram, para ele, objetos mortos, hostis à existência viva do homem a ponto de fazer dele sua vítima indefesa, também na situação constrangedora os homens são vítimas das circunstâncias. Isso por si só é humilhante, e pouco importa se o que é arrastado para a luz é vergonhoso ou honrável. A grandeza do gênio de Dostoiévski resumiu em uma única situação esses diferentes aspectos do embaraço: quando o príncipe, na famosa cena da festa em *O idiota*, quebra o precioso vaso ele é exposto em sua falta de jeito, em sua inabilidade em caber no mundo das coisas fabricadas pelo homem; ao mesmo tempo, essa exposição mostra da maneira mais conclusiva sua "bondade", que ele é "bom demais" para este mundo. A humilhação reside no fato de ele ser exposto como alguém que é bom sem que possa evitar ser bom, assim como não pode evitar ser desastrado.

A humilhação é o extremo do constrangimento. Combinada e, de fato, intimamente conectada a seu impulso de desafiar as convenções e as pessoas no poder, estava uma verdadeira paixão pelos despossuídos, pelos

A personalidade de Waldemar Gurian 63

deserdados e oprimidos, por aqueles cuja vida ou os homens tivessem tratado mal, e com os quais houvesse lidado de forma injusta. Gurian, que em geral se sentia atraído pela inteligência e pela criatividade espiritual, em tais casos esquecia todos os seus outros parâmetros, e mesmo seu grande temor do tédio não impedia que saísse de seu caminho para encontrar tais pessoas. Sempre se tornava amigo delas, seguindo os eventos mais recentes de suas vidas com uma intensidade que era tão distante da indiscrição quanto da mera compaixão. Não eram tanto as pessoas, mas a história que o fascinava, o próprio drama, como se ao escutar algum novo fragmento de informação dissesse repetidas vezes, quase sem fôlego, para si mesmo: assim é a vida, assim é a vida. Tinha um profundo e genuíno respeito por aqueles a quem a vida escolhera para que escrevessem sua própria história – que tem, então, não apenas seu final triste normal, mas que é como uma sequência de finais ruins –, e nunca demonstrou qualquer piedade por tais pessoas, como se não ousasse ter pena delas. A única coisa que fazia (além de ajudar, claro, quando podia) era trazê-las propositadamente para a sociedade, para o contato com seus outros amigos, com o intuito de desfazer, tanto quanto estivesse sob seu poder, o insulto da humilhação que a sociedade invariavelmente adiciona à injúria do infortúnio. A dramática realidade da vida e do mundo como ele a via não poderia nunca ser completa, não poderia nem mesmo começar a se desdobrar, sem a companhia dos despossuídos e dos deserdados.

Essa clareza em relação à verdadeira qualidade da humilhação e essa paixão pelos oprimidos nos são tão familiares devido aos grandes escritores russos que é difícil deixarmos de notar quão russo ele era em seu modo de ser cristão. Ainda assim, nele, o sentimento russo em relação ao que a essência da vida humana é estava intimamente mesclado com sua forte noção ocidental de realidade. E era precisamente nesse sentido que ele era um cristão e católico. Seu realismo sem concessões, que formava talvez o traço excepcional de suas contribuições para a história e para a ciência política, era para ele o resultado natural dos ensinamentos cristãos e da formação católica. (Gurian tinha um profundo desprezo por todos os tipos de perfeccionistas e nunca se cansava de denunciar neles a falta de coragem para encarar a realidade). Sabia muito bem que estava em débito com eles por ser capaz de permanecer sendo o que era, um estranho no mundo, no qual nunca se sentia inteiramente em casa, e ao mesmo tempo um realista. Teria sido fácil para ele se conformar, pois conhecia muito bem o mundo, teria sido mais fácil para ele, uma tentação ainda maior em todas as probabilidades, escapar para alguma utopia. Toda a sua existência espiritual era construída sobre a decisão de nunca se conformar e de nunca escapar, o que é apenas outra maneira de dizer que era construída sobre a coragem. Ele permaneceu um estranho e toda vez que chegava era como se viesse de lugar nenhum. Mas quando morreu, seus amigos o prantearam como se um membro de suas famílias tivesse partido, deixando-os para trás.

A personalidade de Waldemar Gurian   65

Ele havia atingido aquilo que todos nós deveríamos: estabelecera seu lar neste mundo e fizera da Terra sua casa através da amizade.

HOMENAGEM A KARL JASPERS[1]

Estamos reunidos para, em público – o âmbito que ele tanto amou e honrou –, nos despedirmos de Karl Jaspers. Queremos comunicar ao mundo que algo aconteceu quando ele o deixou – já idoso, e depois de uma vida incrivelmente afortunada. Ninguém mais fala, falou e tão cedo falará como *ele*. Assim avaliamos nossa perda, mas não é isso o que importa. Afinal, valem as palavras de Goethe: "Pois a terra os gera de novo, como desde sempre os gerou". Importa que aqueles que escutam e entendem essa linguagem não se tornem ainda mais raros.

Seres humanos terrenos necessitam de corporeidade. Mesmo aqueles que conheciam apenas as obras e não a pessoa, necessitavam da certeza de que havia alguém

---

1 Discurso feito por Hannah Arendt durante a homenagem pública prestada pela Universidade da Basileia a Karl Jaspers em 4 de março de 1969. Publicado originalmente em *Hannah Arendt Karl Jaspers Briefwechsel 1926-1969*, org. de Lotte Köhler e Hans Saner, Munique, Zurique: Piper, 1985, p. 719-20.

atrás dos livros – em Basileia, na Austrasse – dotado de voz e gestos. Pois apenas essa certeza é capaz de assegurar que o que está nos livros era uma realidade, e que o que era real para alguém também deveria ser possível para todos os outros. Ele queria e podia ser um exemplo.

É claro que não me refiro à atividade de escrever livros. Os livros são a expressão de um modo singular de estar no mundo, de um ser humano entre outros. Aqui e ali surge entre nós alguém capaz de realizar exemplarmente a existência humana e de encarnar vivamente o que de outro modo só teríamos oportunidade de conhecer como um conceito ou ideal. Jaspers demonstrou em sua vida, de um modo único, a relação entre liberdade, razão e comunicação. De certa forma, exemplificou em si mesmo essa relação para, em seguida, descrevê-la através da reflexão; depois disso, não podemos mais pensar em razão, liberdade e comunicação separadamente, mas apenas como uma tríade.

Jaspers não estava fadado desde o berço a se tornar filósofo, em vez de psiquiatra ou político. Costumava dizer que, não fosse a doença, que determinou seu modo de viver, mas não sua vida, jamais teria se tornado professor de filosofia. Quando dizia isso, eu sempre pensava naquela passagem da *República* em que Platão, um tanto irônico, afirma que o solo propício para a filosofia é sem dúvida o exílio, alguma doença ou um país pequeno e insignificante, em que não seja possível se distinguir pela ação. (Teria Platão se tornado filósofo se Atenas estivesse em uma situação melhor?)

Desde Platão não houve muitos filósofos para os quais a ação e a política tivessem representado uma verdadeira tentação. E para Jaspers? Ele poderia ter dito, junto com Kant, "como é doce imaginar constituições". E, se ele não tivesse nascido em um país que de forma misteriosa destrói, ou não permite que seus grandes talentos políticos se desenvolvam, e não fosse ele doente, poderíamos muito bem imaginá-lo um estadista. Finalmente, depois de 1945, fez-se justiça a esse seu dom fundamental, tão forte quanto o filosófico. Por quase um quarto de século ele foi a consciência da Alemanha. Decerto não se deve ao acaso que essa consciência tenha se estabelecido em território suíço, em uma república e em uma cidade que é uma espécie de *polis*. Ele nasceu para os costumes de uma república democrática, e as negociações conduzidas nesse espírito lhe davam o maior prazer. Em todo caso, nada o deixou mais contente nos últimos anos do que a concessão da cidadania suíça. Costumava dizer que, pela primeira vez, podia estar de acordo com um Estado. Isso não era uma recusa à Alemanha. Sabia que cidadania e nacionalidade não precisam coincidir, pois era e, evidentemente, continuou a ser alemão. Mas também sabia que a cidadania não é uma mera formalidade.

Não sabemos o que acontece quando um ser humano morre. Sabemos apenas que ele nos deixou. Nós nos apoiamos em suas obras, mas sabemos que as obras, na verdade, não precisam de nós. Elas são o que alguém que morreu deixou para trás no mundo, que existia antes que ele viesse, e continua a existir quando ele o deixa.

Homenagem a Karl Jaspers 69

O que será das obras depende do curso do mundo. Mas o fato de que esses livros eram vida vivida, esse fato não passa imediatamente a integrar o mundo, e está sujeito ao esquecimento. Aquilo que no ser humano há de mais fugidio e, ao mesmo tempo, mais grandioso – a palavra falada e os gestos singulares – morre com ele, e depende da nossa recordação e homenagem. A recordação se realiza através da convivência com os mortos, da qual resulta uma conversa que os faz ressoar novamente no mundo. A convivência com os mortos é o que devemos aprender, e é o que estamos começando hoje, na comunhão da nossa tristeza.

SOBRE A AUTORA

Hannah Arendt nasceu em 1906. Sua família, originária de Königsberg, na Prússia Oriental, era formada por intelectuais e profissionais liberais judeus. Muito cedo se interessou por filosofia e, de 1924 a 1929, frequentou a universidade. Nesses anos, seus mestres foram Martin Heidegger – com quem teve uma relação amorosa – e Karl Jaspers – , que orientou sua tese de doutorado sobre Santo Agostinho e tornou-se um grande amigo. No começo dos anos 1930, escreveu a biografia de Rahel Varnhagen, uma primeira abordagem da questão judaica. Por ter participado de atividades ligadas ao movimento sionista, foi presa em 1933 e escapou para a França, onde viveu até 1941. O Nazismo ganhava força na Europa. Nesse período, casou-se com Heinrich Blücher e se tornou amiga de Walter Benjamin. Em 1941, depois de uma permanência num campo de refugiados no sul da França, foi para Nova York, onde se instalou definitivamente, tendo adotado a cidadania americana. Nos anos seguintes, acompanhou os acontecimentos na Europa e preparou *As origens do totalitarismo*, de 1951.

A parte mais importante de sua obra data das décadas de 1950 e 1960. Em *A condição humana* (1958), estabeleceu as bases de sua teoria política a partir de uma distinção original entre labor, trabalho e ação. *Entre o passado e o futuro* (1961) reúne ensaios sobre diversos temas, como autoridade, história, cultura e educação, tendo em vista a ruptura da tradição no século XX. *Sobre a revolução* (1963) compara as duas grandes revoluções modernas – a Americana e a Francesa. Envolveu-se em uma grande polêmica por causa de seu livro *Eichmann em Jerusalém* (1963). Em pauta estava o significado do subtítulo da obra: *Um relato sobre a banalidade do mal*. Depois, reuniu perfis biográficos no livro *Homens em tempos sombrios* (1968), sobre personagens iluminadores do século XX. Os anos 1970 foram dedicados à filosofia e à composição da obra *A vida do espírito* – a última, que permaneceu inacabada –, na qual foram consideradas as atividades do pensar, do querer e do julgar. Também nos anos 1970 foram publicadas suas intervenções no debate político, em *Sobre a violência* (1970) e *Crises da República* (1972). Faleceu em Nova York em 1975.

Dados Internacionais de Catalogação na Publicação (CIP)
(EDOC Brasil, Belo Horizonte, MG)

Arendt, Hannah
Liberdade para ser livre / Hannah Arendt;
tradução e apresentação Pedro Duarte. Rio de Janeiro:
Bazar do Tempo, 2018. 76 p. (Coleção Por que política?; v. 3)
ISBN 978-85-69924-44-9
1. Ciência política – Filosofia. I. Duarte, Pedro. II. Título. III. Série.
CDD 303.6

Elaborado por Maurício Amormino Júnior, CRB6/2422

COLEÇÃO **POR QUE POLÍTICA?**

Siderar, considerar: migrantes, formas de vida
Marielle Macé, apresentação
de Marcelo Jacques de Moraes

Uma lei para a história: a legalização do aborto na França
Simone Veil, apresentação e entrevista de Annick Cojean

Liberdade para ser livre
Hannah Arendt, apresentação de Pedro Duarte

Contra o colonialismo
Simone Weil, apresentação de Valérie Gérard

Ódios políticos e política do ódio:
lutas, gestos e escritas do presente
Ana Kiffer e Gabriel Giorgi

Este livro foi editado pela Bazar do Tempo
em novembro de 2018, na cidade de São Sebastião
do Rio de Janeiro, e impresso em papel Pólen
Bold 90 g/m² pela gráfica Vozes. Foram usados
os tipos GT Haptik e GT Sectra.

3ª reimpressão, outubro de 2021